PUR LIVE

ALLE SONGS DER CD
ARRANGIERT FÜR
KLAVIER · GITARRE · GESANG

ED 8191

SCHOTT

Mainz · London · Madrid · New York · Paris · Tokyo · Toronto

Best.-Nr.: ED 8191

Transkription und Klavierbearbeitung: Hans Lüdemann
Redaktionelle Mitarbeit: Ingo Reidl
Fotos: Guido Karp
Cover-Konzept: Haubrich & Ackermann
Printed in Germany · BSS 48158
ISBN 3-7957-5093-8

Inhalt

Foto: Guido Karp

Hab' mich wieder mal an Dir betrunken

Text und Musik:
Hartmut Engler / Ingo Reidl

17
G
A
D
A/C♯
G/B
- seh'n, zu - hör'n, völ-lig leicht-ge - macht, neh-
21
G
A
D
A/C♯
G/B
- men, ge - ben, to-tal un - be - dacht!
25
Asus4
A
D
G
Bin so froh, __ mein Kopf in dei - nem Schoß.
__ dein Puls - schlag ü - ber - all. _

29
A
D
G
All die schö - nen klei - nen Din-ge wer - den groß.
Grund- und bo - den-los _ ge-fühlt _ im frei-en Fall.
33
A
G
A
Au - gen, Hän - de,
A-tem er - hitzt, sü-ßer Schweiß, war
37
D
A/C#
G/B
G
A
feu - chter Hauch und dann _ oh-ne An - fang, oh-ne En - de, wo
nie so nah bei Dir. _ Hab' al-les ver-ges - sen, nur eins, was ich weiß, der

41
D
A/C♯
G/B
Asus4
fängt der Him - mel an, bin wie be - rauscht von Dir.
Him-mel ist jetzt hier. Bin wie be rauscht von Dir.
45
D
Bm7
Chorus
Oooh. Hab' mich wie - der mal an Dir be - trun-
49
A
E/G♯
G
- ken. Hoch - pro - zen - tig Lie - bes - rausch den

Bm7/E G△7 D/A A D Bm7
schlaf' ich mit Dir aus. (ho ho) Bin schon ganz und gar in uns ver-sun-
A E/G# G
-ken, hei-ße Haut als Him-mel-bett
Asus4 D Em7
1.
nie mehr von-ein-an-der weg.
A D Em7

A
D
G
2.
Bin so froh,
A
G
D
G
A
D
G
A
G
A
D
G
A
G
A
D
G

89
A G A D G
93
A G A N. C.
97
A7
D.S. al Coda - Coda
(repeat Chorus)
D/A Asus4
Nie mehr von-ein - an - der,
101
D/A Asus4 D/A Asus4 D
nie mehr von-ein - an - der, nie mehr von-ein - an - der weg.

Brüder

Text und Musik:
Hartmut Engler / Ingo Reidl

16
E/G♯
Asus4
A
letz - ten kal - ten Krie - ger _ seh'n das ir - gend - wann mal ein. _
Traum von viel mehr Lie - be _ schreit schon lau - ter in _ die Welt. _
25
D
Bm
Gren - zen oh - ne Zäu - ne sind da nur das er - ste Ziel, _ ja, die
Manch - mal bin _ ich trau - rig, wenn ich se - he was _ wir tun, _ doch ich
29
C♯
F♯
Kö - pfe sind am Den - ken, und kein Herz _ bleibt da - bei kühl. _
hof - fe, ge - gen Hoff - nung ist kein Men - schen - herz im - mun. _
sempre 8b

D
1.
A
Em
G
A
Stell dir vor, daß Brü - der end - lich Brü - der sind.
D
A
Em
G
A
Spürst du, daß wir da - mit nicht al - lei - ne sind.
D
Bm
C♯
F♯

49
2.
D A Em G A
Stell dir vor, daß Brü - der end - lich Brü - der sind,
53
D A Em G A
nie mehr ver - goss - 'nes Blut, kein Herz mehr blind.
57
D A Em G A
Stell dir vor, 'ne fai - re Chance für je - des Kind.
61
D A Em G A
Spürst du, daß wir da - mit nicht al - lei - ne sind.

65
Dadd9
Stell dir nur
69
D
A/D
vor, so wie zwi-schen uns zwei'n könnt' es auch zwi-schen den an - dern sein. Viel-leicht
73
Bm7
A
D
binich na-iv, viel-leicht bin ich ein Kind. Ich hab' Angst, mein Herz wird blind. Stell dir nur
77
D
A/D
vor, so wie zwi-schen uns zwei'n könnt es zwi-schen gan - zen Völ - kern,

81
Bm7
A
gan - zen Län - dern
o - der so - gar
zwi - schen al - len Men - schen sein._
D. S. al
85
D
A
Em
G
A
D
90
A
Em
G
A
D
A/D

95
G/D
D
D
A/D
Asus4/D
G
A
Ooooh
D. S. al
101
D
A
D/E
Gadd9
Asus4
D
106
A
D/E
Gadd9
Asus4
D
A

111
Em G A D A
Stell dir vor, __
115
Em G A Dadd9
daß wir da - mit nicht __ al - lei - ne sind. __
rit.
119

Bis der Wind sich dreht

Text und Musik:
Hartmut Engler / Ingo Reidl

13 Am G
leb' in vie-len Her-zen fest ver-an-kert im Zorn, durch
15 D Am
je-den Tür-ken-witz wird ein Stück von mir ge-boren.
17 Am G D
Mas-sen-ar-beits-lo-sig-keit haucht mir Le-ben ein, ich fres-se klei-ne Lö-cher ins
20 Am G D Am G
Ge-wis-sen rein.

D
Asus4
Am
Es fließt der A-sy - lan-ten - strom, die
G
D
Stim-mung schwärzt sich braun, die Sprü-che in der Knei - pe ge-ben Kraft
Am
G
mich auf-zu-bau'n. Bin Mei - ster der De-ma - go - gie, ich
D
Am
A/B
has-se kla - re Kö-pfe, lie - be Mas-sen - hy - ste - rie.

34
B
A/B
B
A/B
B
39
A/B
Bsus 4
Dm
C/D
Tanzt nur
42
Dm
C/D
C/D
Dm
Dm
C/D
Dm
C/D
wei - ter _ so, _ bis der Wind sich dreht. _ Tanzt nur
46
B♭△7
C/B♭
C
Dm/C
Asus4
B7/sus4
wei - ter _ so, _ tanzt al - les aus _ dem Weg. _

50
A
Esus4
Bm
B7/sus4
A
55
Esus4
B7/sus4
Bm
Den Geist, den ihr ge - ru - fen habt, den
58
A
E
wer - det ihr nicht los, ich le - ge mei - ne Sa - men in
60
Bm
A
je - den war - men Schoß. Wen - det euch nach rechts zum Sprung, das

63
E
B7/sus4
Bm
al-les mit dem neu-en deutsch-en Schwung.
Zieht euch schö-ne Klei-der an, tanzt
66
A
E
mei-ne Sym-pho-nie, _
durch eu-er Bei-spiel zwin-ge ich _ die
68
Bm
Zwei-fler in die Knie.
Freu-et euch des Le-bens be-
70
A
E
Bm
-quem und an-ge-nehm,
die End-lö-sung gibt's für je-des Pro-blem.

G/A A G/A A G/A
A G/A A7/sus4
Dm C/D Dm C/D C/D Dm Dm C/D
Tanzt nur wei - ter _ so, _ bis der Wind sich dreht. _
Dm C/D B♭△7 C/B♭ C Dm/C Asus4
Tanzt nur wei - ter _ so, _ tanzt al - les aus _ dem Weg. ___

89
Asus4
93
97
D. S. con rep.
al 𝄌 - 𝄌
100
A7/sus4
Bis der Wind sich dreht. _
Bis der Wind sich dreht. _

Drachen sollen fliegen

Text und Musik:
Hartmut Engler / Ingo Reidl

19
B♭
Gm7
Woll - te doch nur kos - ten, a - ber hat so gut ge - schmeckt. Bin
flog aus stum - pfen Zo - nen, oh - ne Lük - ken im Ge - setz, in
Luft ist süß und strei - chelt die schlimm - sten Schmer - zen weg. Ein
23
Fsus4
B♭/D
E♭
Fsus4
ab - ge - ho - ben, los - ge - flo - gen, hab' gar nichts mehr ge - checkt.
herz - li - che Re - gio - nen oh - ne Auf - fang - netz.
Blick in dei - nen Spie - gel zeigt, ich brau - che kein Ver - steck.

27
Eb F Gm7 Ab Eb/G Fsus4
Bahn frei, es ist nie zu spät. Ich bin viel_ zu jung._
Doch du gibst mich nicht frei, du zerrst an mei - nem Herz._
Bahn frei, was sein muß muß sein, len - ken kann ich's nicht._
31
Eb F Gm7 Ab Eb/G Ab add9
Hey, du, geh aus dem Weg, bin nicht mehr all - zu jung._
Und du ziehst an dem Seil, das uns ver - bun - den laßt._
Hey, du, ich muß da durch be - vor, zu - viel_ zer - bricht._
35
Ab Ab Bb/Ab Ab
1. 2.
2. Das He, laß mich los. Ooh laß mich los_

Fm/Ab
Ab
Bb/Ab
Ab
oh no laß mich los,
laß mich los
Bb/Ab
Eb/G
Ab
Eb/G
Laß mich end - lich flie - gen,
kapp die Na - bel - schnur,
Ab/C
Eb/G
Ab
Bb
1.
denn Drachen sol-len flie - gen oh-ne fes-te Spur.
O-ho-u-
(1.)
2.
Db
Bb
-o

Gm7
Eb add9
Fsus4
Bb
3. Die
D. S. sine rep.
al
Db
Bb
Gm7
Laß mich flie
Eb add9
Fsus4
Bb
gen.
Laß mich bit-te los.
Dra-chen sol-len

72
B♭
Gm7
E♭add9
flie - gen, Dra-chen sol-len flie - gen, Dra-chen sol-len flie - gen.
Fsus4
B♭
B♭
77
Laß mich bit-te los. Ooh Ich will flie - - - gen.
Gm7
E♭add9
Fsus4
82
Ich will flieg'n, ich will flieg'n, ich will flieg'n, ich will flie - gen, laß mich bit-te los.

B♭
Ja, ja, Dra-chen sol-len flie - gen, Dra-chen sol-len
Gm7
E♭add9
Fsus4
rit.
flie - gen, Dra-chen sol-len flie - gen, laß mich bit-te
E♭
F
B♭
los.

Ohne Dich

Text und Musik:
Hartmut Engler / Ingo Reidl

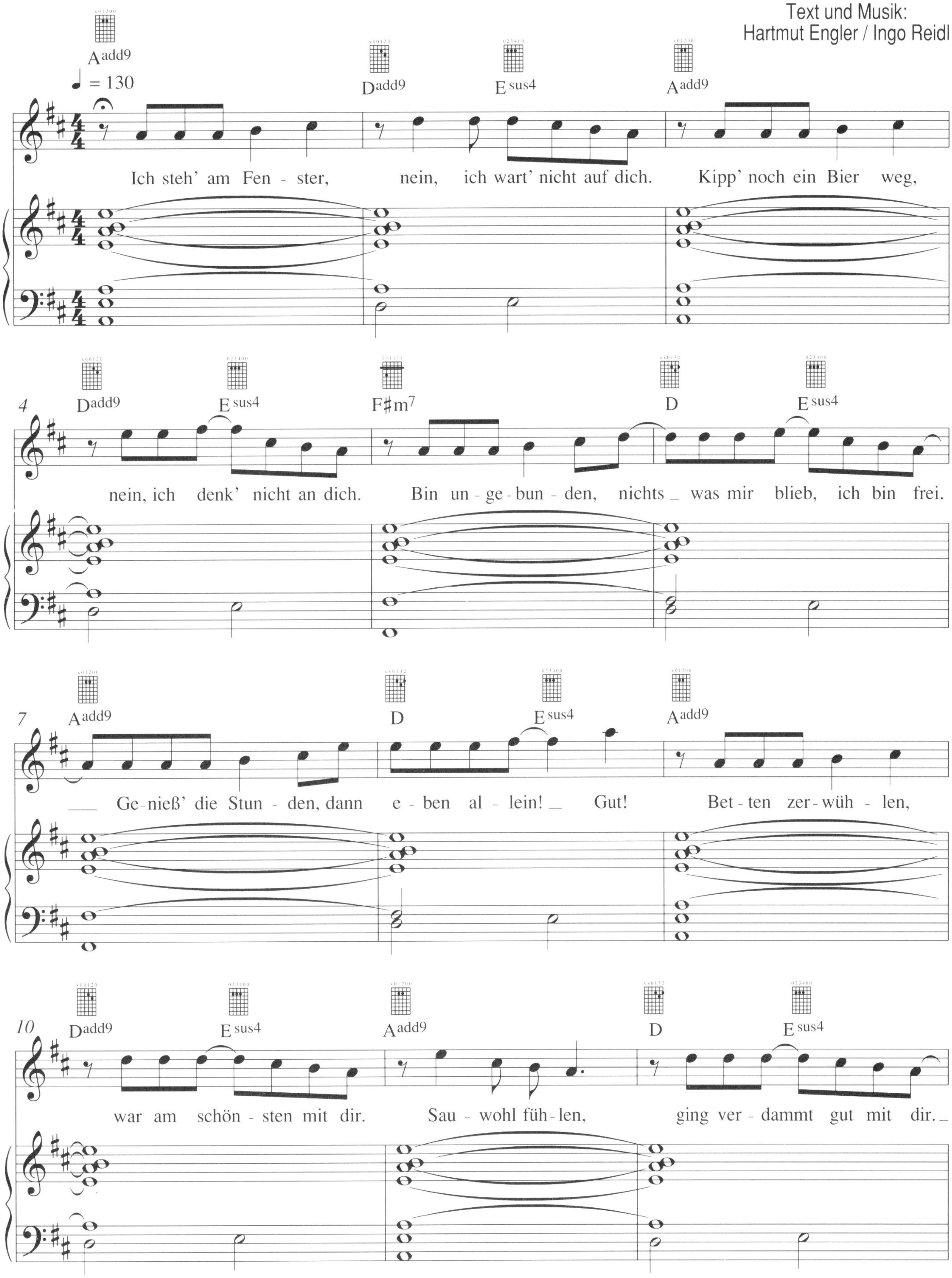

13
F♯m7
Dadd9
Esus4
F♯m7
sich ver - ste - hen, war am tief - sten mit dir. Und auch mein Dra-chen stieg
16
Dadd9
Esus4
G
Dadd9/F♯
am höch - sten mit dir. Ich wollt' doch nur dein Bes - tes, und das al - les für mich.
19
Em7
Dsus4
D
G
Und als Be - loh - nung läßt du mich jetzt im Stich. Glaub jetzt bloß nicht, ich
22
Dadd9/F♯
E7
knie vor dir nie - der. Ich bin drü - ber weg, was glaubst denn du. 's war nur ein

25
G A D
klit - ze - klei - ner Schrek-ken, den steck ich weg. Ich schaff' es oh - ne dich. Ganz
28
A/D D A/D
be - stimmt al - lein und oh - ne dich. Mir geht's doch gut. Ich fühl' mich
31
Bm7 G A Em7 D/F♯
fürch - ter - lich, gar nicht gut, ah, ich schaff' es ganz und gar
34
G A D Esus4
nicht oh - ne dich.

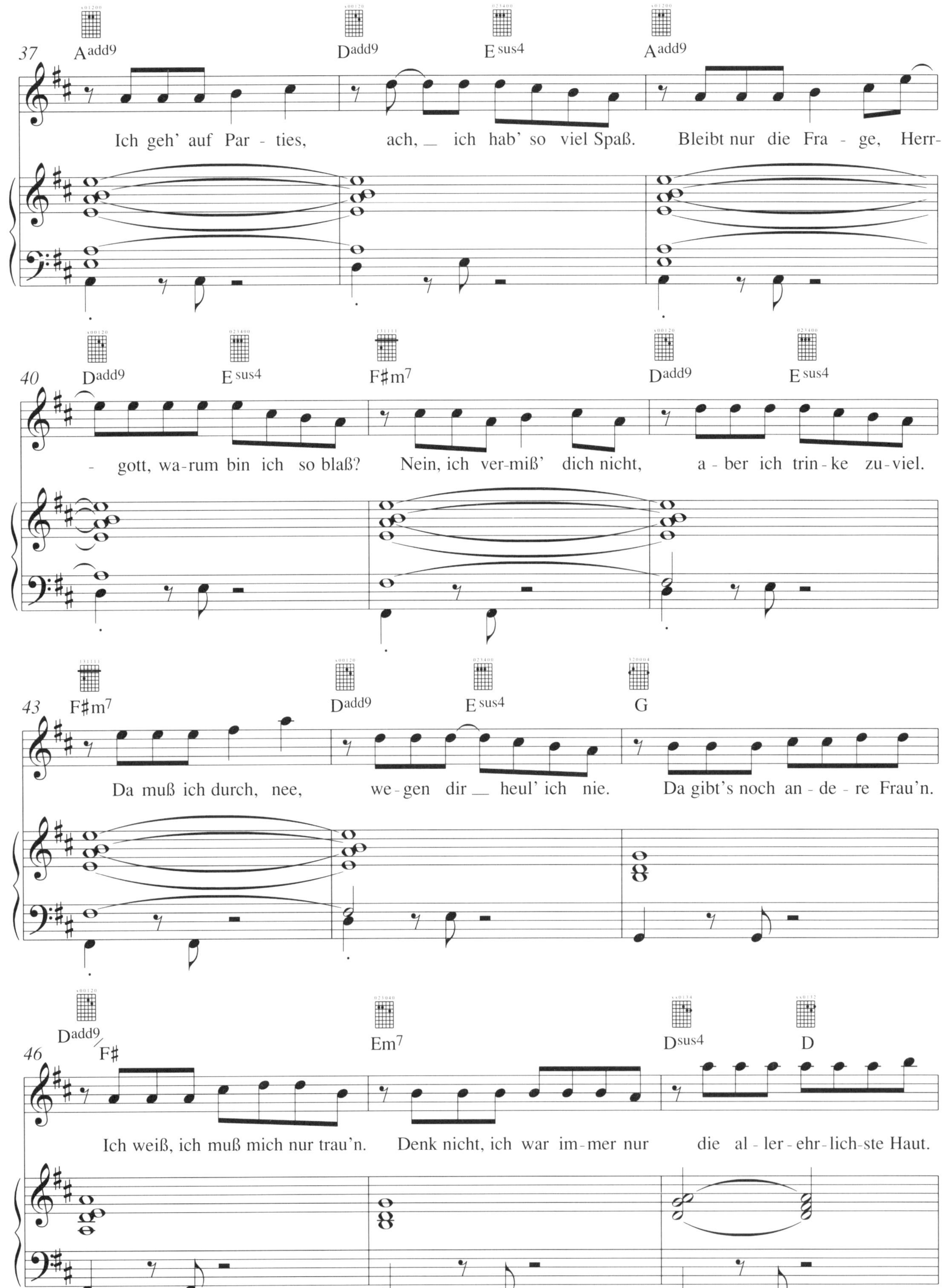
37
Aadd9
Dadd9
Esus4
Aadd9
Ich geh' auf Par - ties, ach, _ ich hab' so viel Spaß. Bleibt nur die Fra - ge, Herr-
40
Dadd9
Esus4
F♯m7
Dadd9
Esus4
- gott, wa-rum bin ich so blaß? Nein, ich ver-miß' dich nicht, a - ber ich trin - ke zu-viel.
43
F♯m7
Dadd9
Esus4
G
Da muß ich durch, nee, we - gen dir _ heul' ich nie. Da gibt's noch an - de - re Frau'n.
46
Dadd9/F♯
Em7
Dsus4
D
Ich weiß, ich muß mich nur trau'n. Denk nicht, ich war im - mer nur die al - ler - ehr - lich - ste Haut.

49
G
Dadd9/F♯
E7
Doch daß du mich jetzt so in die Pfan - ne haust, ver - zeih' ich dir nie, nee,
52
G
A
Schluß und aus. Das hab' ich wirk - lich nicht_ ver - dient._ Nein! Ich schaff' es
55
D
A/D
D
oh - ne dich. Ganz be - stimmt al - lein und oh - ne dich. Mir geht's
58
A/D
Bm7
G
A
_ doch gut._ Ich fühl' mich fürch - ter - lich, gar_ nicht gut,_ ah, ich

Em7 D/F♯ G A D
61
schaff' es ganz und gar nicht. Oh - ne dich. Bin nicht
A/D D A/D
64
die Hälf - te wert oh - ne dich. Mir geht's be - schis - sen, ich fühl' mich
Bm7 G A Em7 D/F♯ G A
67
fürch - ter - lich, gar nicht gut, ah, ich schaff' es ganz und gar nicht oh - ne dich.
B G♯m E F♯ B
71
Oh - ne dich.

G♯m E F♯ F♯m/A E/G♯
B F♯m/A E/G♯
G/B A/C♯ D G/B A/C♯ D
Ich
Em7 D/F♯ G A
schaff' es ganz und gar _ nicht. ______
D. S. al 𝄌 - 𝄌
G A D
___ nicht ___ oh-ne dich.

Wenn Sie diesen Tango hört

Text: Hartmut Engler / Ingo Reidl
Musik: Hartmut Engler / Ingo Reidl / Christoph Burgmann

9
Bm
Asus4
Gu-te zum Ein-und - sech-zig - sten lie-be O-mi, tschüß, bis bald. Die
lan-ge, har-te Wie-der - auf - bau für ein klei - nes Stück-chen Glück. Das
11
Em/G
D/F♯
Asus4
A
Kin-der sind jetzt groß und au - ßer Haus, die Woh-nung ist oft kalt. Ir - gend-was
lang er - sehn - te Ei - gen - heim und Kin - der für die Re-pu - blik. Die soll-ten's
13
D/F♯
Em/G
A
Bm
hat sie im-mer zu tun. Sie teilt sich die Haus-ar-beit ein, und
spät - ter bes-ser ha - ben des-halb pac-kte sie flei - ßig mit an so blieb ihr

15
Em7
D/F♯
D/G
A
je - den A - bend schal-tet sie ab und das Fern - sehen ein. _ Das war nicht
oft zu we - nig Zeit _ für sich _ und ih-ren Mann. Ein gan - zes
17
D/F♯
Em/G
A
Bm
im-mer so, _ erst seit sie al - lein _ ist, seit ihr Mann starb, den sie mit
Le - ben lang zu-sam-men. Ge - lit-ten, ge - schuf - tet ge - spart. _ Jetzt
19
Em7
D/F♯
D/G
A
feuch - ten Au - gen ver - mißt.
wär' doch end - lich Zeit _ für mehr, jetzt ist er nicht mehr da.

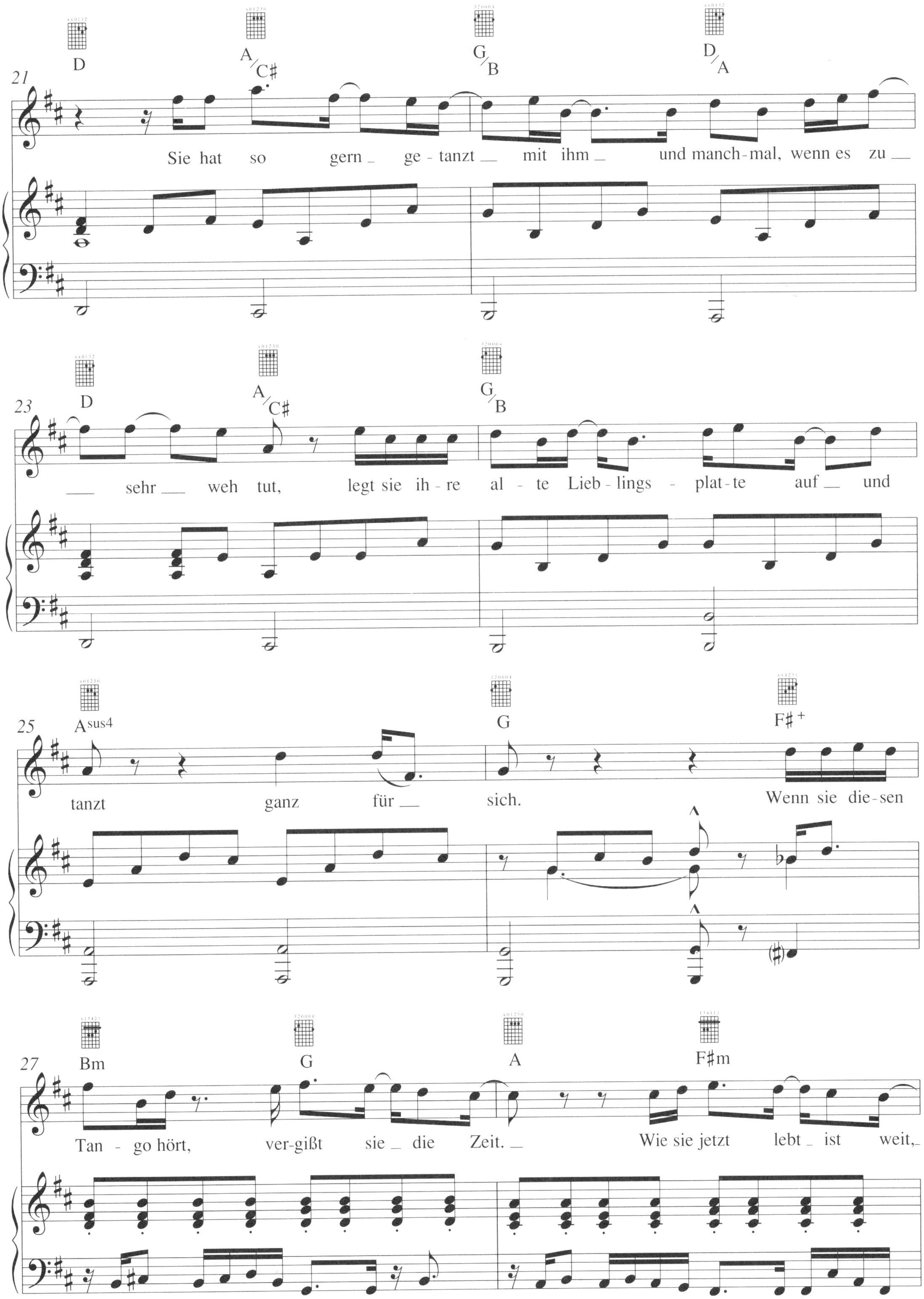
21
D
A/C♯
G/B
D/A
Sie hat so gern _ ge - tanzt _ mit ihm _ und manch - mal, wenn es zu _
23
D
A/C♯
G/B
_ sehr _ weh tut, legt sie ih - re al - te Lieb - lings - plat - te auf _ und
25
Asus4
G
F♯+
tanzt ganz für _ sich. Wenn sie die - sen
27
Bm
G
A
F♯m
Tan - go hört, ver - gißt sie _ die Zeit. _ Wie sie jetzt lebt _ ist weit, _

29
G Em D/A G△7
weit ent - fernt wie ein längst _ ver-glüh - ter Stern. Wenn sie die-sen
31
Bm G A F♯m
Tan - go hört, ver-gißt sie _ die Zeit. _ Wie sie jetzt lebt _ ist weit, _
33
G Em D/A G△7
weit ent - fernt _ wie ein längst _ ver glüh - ter Stern. ______
35
Bm D/F♯ G D/F♯ Bm Em7
8 b

D/F♯ G A
2. Aus der
D. S. al 𝄌 - 𝄌
D/A G△7
ver-glüh-ter Stern.
Bm (2nd x only) G A F♯m
De - do ja na na na na na ja na na na na na
G Em D/A G△7 D/A G△7
ja na na ja na na Ja da na ne na na na na
Bm Em7 F♯m7 G Bm G A Bm

50
Bm Em7 F♯m7 G Bm G A Bm
54
Cm/E♭ D D♭m Cm Cm/E♭ D D♭m Cm Cm D/A D♭m/A♭ Cm/G
sim.
sempre 8b
57
A♭5 A5 B♭5 B5 Cm D D♭m Cm
3
sim.
60
sim.
A♭5 A5 B♭5 B5
63
Cm A♭ B♭
Wenn sie die-sen Tan-go hört, ver-gißt sie die Zeit.

Freunde

Text und Musik:
Hartmut Engler / Ingo Reidl

F/C
C
Gm/B♭
-sik zu hö-ren, so-gar Schwei-gen ist nie pein-lich zwi-schen uns,
La-chen klingt, die Brük-ke zwi-schen uns ist gna-den-los be-last-
8♭
F
G
C
und das ist gut so. Heu-cheln und Lü-gen ist sinn-
-bar, und das ist gut so. Wir kos-ten uns Ner-
8♭
G/C
B♭/C
F/C
-los, weil wir uns ge-gen-sei-tig fast wie Glas durch-schau'n,
-ven, tau-schen I-deen und manch-mal auch das letz-te Hemd,

23
C
Gm/B♭
F
wir ma-chen uns schon lan-ge nichts mehr vor, und
phi-lo-so-phie-ren und sau - fen und wer - den uns nie mehr fremd, und
26
G
B♭
das ist gut so. Du hast in mei-nem Arm ge - weint, so
das ist gut so. Wir ha-ben uns ver - söhnt, ver - kracht, so
29
B♭/C
B♭/D
man - che Nacht mit mir durch - träumt, die letz - ten Zwei - fel aus -
man - chen der - ben Witz be - lacht, uns ge - gen-sei - tig Mut

32
C/E F G
- ge - räumt, ich kenn' Dich und Du mich.
ge - macht, ich brauch' Dich und Du mich.
35
Chorus
C F G C/G C F Dm G
Du bist nicht hart im Neh - men, Du bist be - ruhi - gend weich,
39
C F G C/G Am F G
dich nicht zu mö - gen, ist nicht leicht. Oh - ho oh - ho

43
C F G C/G C F Dm G
Du bist kein Ein - zel-käm-pfer, Du bist so herr - lich schwach,
47
C F G C/G Am Am/G
ver-trau mir und be-nutz mich, wo-zu sind denn schließ-lich Freun-de da.
51
F△7 F/G G F△7 Am/G
1.
2.
wo-zu sind Freun-de da

55 A D E A D Bm E
59 A D E F♯m D E
63 A D E A D
Ba - dap wa - pa - dap da pa - da da pa - dap da da pn de ia pn da

66
Bm E A D E
da da da
scha-ba dap-da du-ba dap-dap du-ba dap dap du-ba dap-dap bei-ap n ta
69
F♯m D E F G
dei dap n dai a da dap ba di do da do do bei da pn dei a dup bep bap da da da
D. S.
(play Chorus 3x)
al
73
F△7 Am/G C F C
Wo-zu sind Freun-de da? Wo-zu? Da-zu!

Prinzessin

Text und Musik:
Hartmut Engler / Ingo Reidl

9 A D△7
Ta - ges - licht all - mäh - lich je - den Traum ver - treibt, und der
Bil - der, die ver - schüt - tet, fast ver - lo - ren war'n, und Mo -
11 A D△7
Kopf kreist um Phan - ta - sie und Wirk - lich - keit, dann
- men - te, so voll Le - ben, die die Zeit uns nahm, das
13 G D/F♯ D/E D
schau' ich Dir, Prin - zes - sin, beim Schla - fen zu. Du
al - les ist in Dir, Prin - zes - sin, schlaf ganz ruhig. Du

G D/F♯ C/E F E♭/G F/A
bist so wun - der - schön.
B♭ B♭/A♭ E♭ E♭/G F/A
Prin - zes-sin, laß die Au - gen zu,
B♭ B♭/A♭ E♭ E♭m7 F
ich will ganz tief in Dich seh'n, wie Du
B♭ B♭/A♭ E♭/G A♭
zuckst und wie Dich schau-dert, wie Du fried - lich schläfst, ich

B♭ B♭/A♭ E♭/G A♭
schleich' mich in den Traum zu Dir, ich lie - - be dich, ich
E♭/G Fm/A♭ A♭/B♭ E♭
1.
mag Dich schla - fen sehen.
Dein Ge -
E♭ E♭/G Fm/A♭ A♭/B♭ Fm/B♭
2.
Oh Prin - zes - sin, ich mag Dich schla - fen se -
E F♯m B
- he - hen

E C♯m A B E C♯m
A B E E/D C♯m F♯m G♯m
A A/G D/F♯ G
Prin - zes - sin, laß die Au - gen zu,
A A/G D/F♯ G
ich will ganz tief in Dich sehen,

A A/G D/F♯ G
wie Du zuckst und schau-derst wie Du fried - lich schläfst, ich
A A/G D/F♯ G
schleich' mich in den Traum zu Dir ich lie - be Dich ich
D/F♯ Em/G G/A D D/F♯ Em/G G/A
mag Dich schla-fen seh'n, oh Prin-zes-sin, ich mag Dich schla-fen seh'n
as written
D D/F♯ Em/G G/A D
rit.
oh ah, ich mag Dich schla - fen seh'n.

D-Mark

A Cappella

Musik: Fred Fassert
Text: Hartmut Engler

*) Schnippen auf "2" und "4" durchs ganze Stück

B♭
D - Mark Mark, D - Mark e Mark. Er
B♭
geht in die Bank, Pi -
D - Mark Mark, D - Mark e Mark,
De
- sto - le in der Hand, er sagt vie - len Dank und rennt los mit sei - ner viel - ge - lieb - ten
De De De De De De De
E♭
D - Mark Mark, D - Mark ge - lieb - te
B♭
D - Mark,
D - Mark Mark, D - Mark e Mark
D - Mark Mark, D -
und sind die
F/C
Ta - schen leer, dann mußt
E♭/B♭
du her, ge - lieb - te
- Mark e Mark,
Uh
Ah

29
B♭
1.
B♭
D - Mark Mark, D - Mark e Mark. O - mas schwa-ches Herz er -
D - Mark Mark, D - Mark e Mark, De
32
- trägt kei-nen Scherz, nur ein klei-ner Schreck und als Er - be kommt ein Scheck mit vie-len
De De De De De De De
35
2.
B♭
- Mark e Mark. Er sitzt im Bun-des-tag und war-tet auf Spen - den, die
- Mark e Mark De De
38
3.
rich - ti - ge Ent-schei-dung wird das War-ten schnell be - en - den, - Mark e Mark. Er
De De De De De De - Mark e Mark

41
B♭
fährt mit sei-nem Kahn auf dem Rhein, die Fir-men-lei-tung sag - te:
De De De De
44
„Kip-pen sie's rein.“_ Er weiß, daß es stinkt und man-cher Fisch er-trinkt, Che -
De De De De De De
47
- mie ist halt so wich-tig, weil sie Ar-beits-plät - ze bringt und man-che
4.
- Mark e Mark. Er
De De De De De De - Mark e Mark
50
B♭
wird jetzt Gu - ru, er sucht noch Jün - ger, wer ihm sei - ne Koh - le nicht gibt,
De De De De

16
5.
gesprochen
der ist ein Sün - der - Mark e Mark. Ein Ka - mel kommt leich - ter durch ein
Schnippen
De De De De - Mark e Mark
56
Na - del - öhr als ein Rei - cher in den Him - mel. Das hat
Hu!
59
nicht et - wa der Papst ge - sagt, nein, das steht auf sei - nem
Uuuu - Ker - zen - stän - der.
D. C.
al
63
B♭
D - Mark Mark, D - Mark e Mark
D - Mark Mark, D - Mark e Mark Bau da ba di dap bap bau.

Lied für all die Vergessenen

Text und Musik:
Hartmut Engler / Ingo Reidl

9
C
G/C
F
euch:
12
Dm
G
C
1. Du stehst nie in der Zei - tung wie die
dich ist die - ses Lied hier, weil ich zu
14
G/C
F
Gro - ßen die - ser Welt, doch für mich bist du – so wie du bist – im
sel - ten an dich denk'. Hast mich still und ge - dul - dig ver -

16
Dm G C
klei - nen ein Held. _ Nach dem Krieg am Null - punkt hast du ge -
- wöhnt und be - schenkt. Das war so völ - lig selbst - los, als
18
G/C F
- rak - kert und _ ge - glaubt, dein Le - ben lang für die Dei - nen am
wä - re es nor - mal. _ Ge - bor'n, er - zo - gen, be - schützt, ge - liebt, ja, _
20
Dm G F△7
Le - ben ge - baut. Lux - us war nie wich - tig und kein
_ du warst im - mer da. Die Wöl - fin, _ die ihr Jun - ges ver -

22
G
C
F△7
blin - der Res - pekt. Mein Ge - wis - sen muß - te kei - ne Ver -
- tei - digt und schützt und ver - mut - lich in der Not auch ihr
24
Am
G
F△7
- bo - te um - geh'n. Nur dei - ne Be - schei - den - heit, die
Blut gibt. Mir bleibt da nur noch „Dan - ke“, nicht
26
G
C
Am/D
F△7
hab' ich nie er - lernt. Daß wir bei - de Feh - ler ha - ben, hab' ich
viel, a - ber es tut gut, wenn zum Re - den –wie so oft– uns der

F/G G F/G G C G
28
nie ü-ber-seh'n.
Mut fehlt.
Ja, o, ja. Das ist ein Lied für all die Ver-
8b
31
F Dm7 Am Gsus4 G
-ges-se-nen, die nie im Ram-pen-licht steh'n. Für al-le
34
C G F Dm7 Am
die, die nie drauf ver-ses-sen sind, die ganz gro-ßen Rä-der zu

Gsus4
G
C
dreh'n.
Oh.
2. Auch für
A♭
B♭
E♭
E♭/C
A♭
(B♭)
B♭
Cm
Fm
E♭
A♭
B♭
E♭
E♭/C
A♭
(B♭)
E♭
Cm
Fm
E♭
A♭
B♭

F Dm B♭ C F Dm
Gm Am B♭ C F Dm B♭ C
F Dm Gm
Das ist ein
C G F Dm7 Am
Lied für all die Ver-ges-se-nen, die nie im Ram-pen-licht

60
Gsus4 G C G F
steh'n. Für al - le die, die nie drauf ver - ses-sen sind, die
63
Dm7 Am Gsus4 G C G/B
ganz gro - ßen Rä - der zu dreh'n. Ge - - blen - det von all - zu - viel
66
Am F Am Gsus4 G
Schein-wer - fer - licht ver - gißt man so vie - les und sieht man - che nicht. Habt mir
69
C G/B Am F Am
We - ge ge - eb - net und Schat ten - ver - scheucht, und euch mit mir ge - freut, ich

C C G F
denk' an euch. Das ist ein Lied für all die Ver-ges-se-nen,
Dm7 Am Gsus4 G C G
die nie im Ram-pen-licht steh'n. Für al-le die, die nie drauf ver-
F Dm7 Am Gsus4 G
-ses-sen sind, die ganz gro-ßen Rä-der zu dreh'n. Oh.
A♭ B♭ Cm D C

Funkelperlenaugen

Text und Musik:
Hartmut Engler / Ingo Reidl

Fadd9 F/A B♭ Csus4 C
steh' mir wie-der mal selbst ge-nau _ im Weg. _ Wo ist die
Wind schlägt wie - der mal peit-schend ins Ge - sicht, _ doch mit
Fadd9/A B♭ C7/sus4 C
Ru - he - bank _ in die sem gren - zen - lo - sen Spiel? Ich
dir im Rük-ken tut's nur halb _ so weh. _
Dm7 Cadd9 Gm/B♭ F/A
denk' zu - viel _ an Ü - ber - mor - gen, denk' zu - viel _ an mich, hab mir den
Laß mich nicht al - lein _ mit mir, laß mich ganz bei dir. _ Will doch noch

15
Dm
C
B♭ add9
Blick ver - stellt auf jetzt und hier und dich. Und was machst du? Du blitzt mich
so - viel spür'n, dich und jetzt und hier. Und was machst du? Du blitzt mich
17
F
F/A
B♭
C
an mit dei - nen Fun - kel - per - len - au - gen. Das tut so
19
F
F/A
B♭
C
gut, da ist so - viel für mich drin. (1.) Das hilft viel
gut, da ist so - viel für mich drin. (2.) Das ist wie Bal-

21
Dm F/A B♭ Cadd9
bes - ser als je - des Re - den, je - des Den - ken. Nur noch Füh -
- sam, wie ein ech - tes klei - nes Wun - der. Das heilt viel
23
Dm B♭/F Csus4 Cadd9
- len, nur noch Spü - ren macht jetzt Sinn. _
bes - ser als je - de Me - di - zin. ____ O - ho come on.
25
B♭△7 F C Gm7 B♭ F/A Cadd9
Halt mich, halt mich fest _ und drück mich, so fest wie du kannst.

27
B♭△7 F C Gm7 B♭ F/A Cadd9
Halt mich, halt mich fest und drück mich, so fest wie du kannst, oh halt
29
B♭add9 F/A B♭add9 Cadd9
mich, drück mich, halt mich, drück mich, halt mich, so fest wie du kannst u-la-o-
31
F F/A B♭ C F F/A
hu-o.

34
B♭ C F F/A B♭ C
37
F F/A B♭ C F F/A
40
B♭ C F/A B♭ C
43
F F/A B♭ C F/A B♭
46
C Dm Cadd9 B♭ F/A

Dm C B♭ add9
Du blitzt mich
F F/A B♭ C
an mit dei - nen Fun - kel - per - len - au - gen. Das tut so
Halt mich, halt mich fest _ und drück mich, so fest wie du kannst.
F F/A B♭ C
gut, da ist so - viel für mich drin. _ Du blitzt mich
Halt mich, halt mich fest _ und drück mich, so fest wie du kannst.
repeat ad lib. and fade out

Lena

Text und Musik:
Hartmut Engler / Ingo Reidl

17
C
G/B
F/A
1. Die Au - gen - rin - ge er - zäh - len die Nacht. Frem - des Ho - tel, bin frös -
2. Viel zu oft weit weg von dir. Ab - ge - stürzt, ge - stran -
20
Cadd9/G
F
C/E
- telnd auf - ge - wacht. Mit 'nem Ge - wis - sen, das mich stän - dig beißt.
- det ne - ben dir. Mein Glück, daß du Bruch - pi - lo - ten magst.
23
Dm7
F
C/E
C/G
F/G
G
C
Oh, du fehlst mir so. In der A - re - na
Du kennst mich gut, ich

26
G/B
F/A
Cadd9/G
ges - tern noch _ der Held. Heu - te der Typ, der den Hö - rer falsch her - um hält. _
schwör' dir nie _ zu viel. A - ber du weißt, du bist mein wah - res Ziel. _
29
F
C/E
Dm7
F
C/E
_ Ach, wa - rum gehst _ du denn _ nicht ran? _ Ich _ ver - miß' _
_ Du hast mich im - mer noch _ nicht satt.
32
C/G
F/G
G
Bm7
A/C♯
_ dich so. Wenn der Him - mel mir jetzt _ auf den Kopf _ drauf fällt, _ bist du die
Du bist Luft für mich, die ich zum At - men brauch', die

35
D
Esus4
Bm7
ein - zi - ge, die noch zu mir hält. Ich brau - che jetzt dei - ne ru -
Lan - de - bahn in mei - nem Bauch, die Trop - fen für mein schwa -
38
A/C♯
D/E
Esus4
- hige Hand. Oh, meld dich doch bei mir, oh, ich
- ches Herz. Ich lieb' dich all - tags - grau. Oh, ich
41
D/E
Esus4
A
gäb' sonst was da - für. Oh Le - na, du
lieb' dich sonn - tags - blau, Le - na. Le - na, du

44
E F♯m C♯m Bm7
hast es oft nicht leicht. Wie weit die Kraft doch reicht. Wenn ich am Bo-
48
A/C♯ D Esus4 A
-den lie - ge, er - zählst du mir, daß ich bald flie - ge. Le - na, wie ein
52
E F♯m C♯m
kla - rer, war - mer Wind, wenn die Ta - ge stür - misch sind,
55
Bm7 A/C♯ D
laß ich mich zu dir trei - ben, See - len an - ein - an -

E sus4
D/E
E sus4
58
1.
- der rei - ben.
C
G/C
F/C
C
61
2.
3
3
G/C
F/C
D
E/D
66
3
D
E/D
D
C♯m7
71

75
D/E
Esus4
D/E
E
79
(3 x)
A
E
F♯m
C♯m
Le - na, du hast es oft nicht leicht. Wie weit die Kraft doch reicht.
83
Bm7
A/C♯
D
Esus4
Wenn ich am Bo - den lie - ge, er - zählst du mir, daß ich bald flie - ge.
87
A
E
F♯m
C♯m
Le - na, wie ein kla - rer, war - mer Wind, wenn die Ta - ge stür - misch sind,

Bm7 A/C# D Esus4
laß ich mich zu dir trei-ben, See-len an-ein-an-der rei-ben.
A E F#m C#m
Le-na U-u-hej Le-
Bm7 A/C# D
-na, Le-na, Le-na, Le-na, Le-na. Dscha
E7 A
Dscha Dscha Le-na.

Fallen

Text und Musik:
Hartmut Engler / Ingo Reidl

C△7
Em
Em7/D
fä-hig et-was Neu-es zu bau'n. Ich weiß, ich könn-te, wenn ich woll-te, doch wol-len kön-nen kann ich nicht. Mir
C△7
Bm7
E/B
fehlt der Mut, mich zu trau'n.
Hin - ter mir zer - schmet - tert Glas
(2.) Wenn ich dich so spü - re, dann kommt
G/B
A/B
Bm7
E/B
und Por - zel - lan, vor mir zer - springt der Spie - gel, in dem
die Welt zum steh'n. Mit dir zu - sam - men könnt' ich Bar -

21
G/B A/B G△7 A Bm7 A/B
ich mich sonst se - hen kann. Und ich steh' be - bend mit - ten drin,
- fuß durchs Scher - ben-meer geh'n, denn die Wun - de heilt mit der Zeit.
24
G△7 A Bm7 A/B Em7 D/E
a - ber noch le - bend mit ten - drin, zwi-schen den Scher - ben, wo - hin?
Doch du und ich er - le - ben zu zweit, trotz al - ler Scher - ben zu zweit
27
C/D G D/G C D
Ich mach' die Au - gen zu und las - se mich fal - len. Ich

30
G
D/G
C
D
G
D/G
(1.) hof - fe, je-mand fängt mich auf. __ Ich dreh' mich im Kreis mit ver bun-
(2.) weiß, du __ fängst mich auf. __ Ich dreh' mich im Kreis mit ver bun-
33
C
D
G
D/G
C
D
- de-nen _ Au - gen, bis mir je-mand die Rich - tung zeigt. _
- de-nen _ Au - gen, bis __ du mir die Rich - tung zeigst. _
Bm
36
1.
2. Du bist da und streichst mir ü-bers Haar_

39
Bm7 F♯m7 Bm
Du fängst mich auf _ wie war-mer, wei-cher Sand,_ du be-at-
42
Bm7 F♯m7
- mest mich mit al-lem, was du bist. _ Ich fühl' die Kraft zu-rück in mei-ner Hand
45
D/B A/B G/B A/B
2.
Ba ja den du du___ du ba da___ da

48
D/B A/B G/B A/B G A
ba ja-i ja-i ja den du du___ bn ba o - ho so-da-da bn ba bn
51
Bm7 A/B G A Bm7
ba - bn dej__ hey___ m-bö bn ba de do ja dn da-a___ o - o-
54
Em7 C/D G D/G
ho bn de hey i den da___ na na__ da. Du machst die Au - gen zu und_

57 C D G D/G C D
läßt dich fal - len unddu weißt ich fang' dich auf. Du
60 G D/G C D G D/G
drehst dich im Kreis mit ver bun - de-nen Au - gen bis ich dir die Rich-tung zeig.
64 C D A E/A D/A E/A
Du machst die Au - gen zu und läßt dich fal - len und du
67 A E/A D/A E/A A E/A
weißt, ich fang dich auf o - hu-ho - u du drehst dich im Kreis mit ver-bun-

D/A A E/A D/A E/A
70
- de - nen _ Au - gen bis ich dir die Rich - tung zeig. _ Oh
A E/A D E A E/A
73
Mach die Au - gen zu _ und laß dich fal - len. Mach die Au - gen zu _
D E A E/A D E
76
_ und laß dich fal - len. Mach die Au - gen zu _ und laß dich fal - len.
A E/A D E A E/A
79
Mach die Au - gen zu _ und laß dich fal - len. Mach die Au - gen zu _

82
D E A E/A D E
und laß dich fal - len. Mach die Au - gen zu und laß dich fal - len.
85
A E/A D/A E/A A E/A
Mach die Au - gen zu und laß dich fal - len. Mach die Au - gen zu
decrescendo
88
A
und laß dich fal - len. Mach die Au - gen zu und laß dich fal - len.
ppp
ppp
8b